L'AMBASSADE

DU PRINCE

LOUIS DE ROHAN

A VIENNE

PAR

MAURICE BOUTRY

Extrait de la « Revue d'histoire diplomatique »

PARIS

TYPOGRAPHIE PLON-NOURRIT et Cie

8, RUE GARANCIÈRE — 6^e

1903

L'AMBASSADE

DU PRINCE

LOUIS DE ROHAN

A VIENNE

PAR

MAURICE BOUTRY

Extrait de la « Revue d'histoire diplomatique »

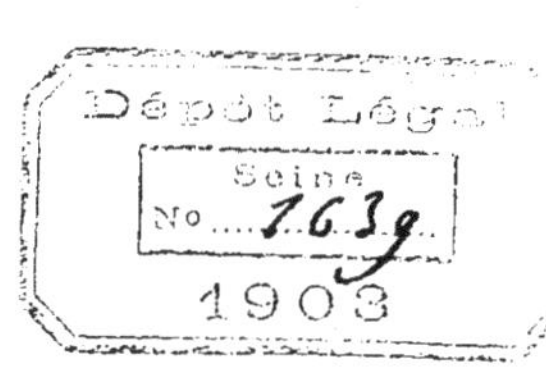

PARIS

TYPOGRAPHIE PLON-NOURRIT ET Cⁱᵉ

8, RUE GARANCIÈRE — 6ᵉ

1903

L'AMBASSADE

DU

PRINCE LOUIS DE ROHAN A VIENNE

(1772-1774)[1]

La période qui s'étend depuis la disgrâce de Choiseul jusqu'à
la fin du trop long règne de Louis XV fut, à tous égards, malheureuse pour la France : une politique extérieure sans énergie
et sans but, une administration intérieure aussi indifférente
qu'incapable préparaient le « déluge » prédit par le monarque
lui-même. Plus que jamais, les places s'obtenaient à la faveur,
par l'intrigue, et, plus que jamais, les favorisés, les intrigants,
presque tous sans talents personnels, voulaient pour eux une
parcelle quelconque du pouvoir. Aussi M. Albert Sorel, qui est,
avec le duc de Broglie, le grand historien de cette triste époque,
a-t-il pu dire fort justement : « La France, en ce temps-là, avait
plus d'agents que d'idées et plus de représentants que de
crédit. »

[1] Archives du ministère des Affaires étrangères (*Correspondance de
Vienne*, t. 318-324). — *Correspondance secrète entre Marie-Thérèse et le comte de
Mercy-Argenteau, avec les lettres de Marie-Thérèse et de Marie-Antoinette*,
publiée par MM. d'ARNETH et GEFFROY. — *Correspondance secrète du comte de
Mercy-Argenteau avec l'empereur Joseph II et le prince de Kaunitz*, publiée par
MM. d'ARNETH et FLAMMERMONT. — *Notes écrites par un gentilhomme, officier
supérieur attaché au prince Louis de Rohan, ambassadeur du Roi*, publiées par
son arrière-petit-fils, le baron ZORN DE BULACH. — E. BOUTARIC, *Correspon-
dance secrète de Louis XV*. — DUC DE BROGLIE, *Le secret du Roi*. — ALBERT
SOREL, *La question d'Orient au XVIIIe siècle*. — FRANTZ FUNCK-BRENTANO,
L'Affaire du collier. — *Mémoires de l'abbé Georgel, de madame Campan*, etc...

L'un de ces agents, très pauvre d'idées, assez dépourvu de crédit, n'ayant d'autres mérites qu'un grand nom et une élégance parfaite des manières, fut le prince Louis de Rohan, coadjuteur de l'évêque de Strasbourg, ambassadeur à Vienne de 1772 à 1774, c'est-à-dire pendant les années où s'accomplissaient précisément des modifications importantes dans la politique européenne, alors qu'il eût été nécessaire d'avoir auprès de la cour d'Autriche un habile diplomate de carrière, soutenu par un ministre aussi prudent qu'avisé. Le duc d'Aiguillon ne devait se rendre utile qu'au département de la guerre, mais sa politique restait toute d'expectative : à des qualités aussi négatives correspondaient les dispositions du prince Louis de Rohan qui ne pouvait et d'ailleurs ne devait rien faire.

Choiseul avait été le meilleur soutien de l'alliance avec la maison d'Autriche jusqu'alors considérée par tradition comme l'ennemie naturelle ; il avait fortifié par un mariage cette alliance, jusqu'alors profitable seulement à la cour de Vienne, et ses combinaisons auraient sans doute obtenu d'heureux résultats s'il lui avait été permis d'en poursuivre la réalisation. Disgracié par le caprice omnipotent d'une favorite, il put voir, de Chanteloup, sa politique négligée, sinon abandonnée. Désormais le ministère ne devait pas regarder plus loin que Versailles ni s'inquiéter d'autres événements que des fantaisies de madame du Barry. Le duc d'Aiguillon subissait l'alliance autrichienne qui lui était antipathique par cela même qu'elle était l'œuvre d'un prédécesseur détesté ; il ne fit rien pour en tirer parti, se résignant à demeurer spectateur impassible d'événements prévus, laissant tomber le prestige de la France et trouvant, jusqu'à un certain point, sa justification dans l'indifférence d'un vieillard sensuel plus désireux de rester un homme que soucieux de remplir ses devoirs de roi.

Le marquis de Durfort avait été remplacé à Vienne, en juillet 1770, par M. Durand, garde des archives depuis 1762, en attendant que le baron de Breteuil, désigné comme nouveau titulaire, pût quitter son poste de Hollande. Le changement de ministère provoqua d'autres dispositions. Sans doute, le duc

d'Aiguillon tenait en médiocre estime le prince Louis de Rohan ;
toutefois ce dernier était le neveu de Mme de Marsan, gouver-
nante des Enfants de France, et du maréchal de Soubise ; il
appartenait au parti qui venait d'abattre Choiseul et, par cela
même, devenait préférable, sinon supérieur à l'ami du ministre
exilé : à défaut de titres, ces conditions étaient suffisantes pour
lui valoir l'ambassade de Vienne.

Louis-René-Édouard, prince de Rohan-Guémenée, plus connu
d'abord sous le nom de « prince Louis », appelé souvent ensuite
« la belle Éminence » et enfin, non sans quelque mépris, le
« Cardinal Collier », était né à Paris le 25 septembre 1734. Il
devenait, à vingt-deux ans, coadjuteur de son oncle l'évêque de
Strasbourg et, presque en même temps, le 18 mai 1760, évêque
in partibus de Canope, afin de pouvoir porter avec plus d'éclat
l'habit ecclésiastique. L'Académie française, elle-même, lui fut
bienveillante et l'accueillit dès l'année 1761, sans trop s'inquiéter
de sa valeur littéraire.

Tant d'honneurs prématurés, tant de dignités injustifiées
n'abusèrent cependant pas ses contemporains. Le baron de
Besenval rapporte, dans ses mémoires, qu'il « joignait à beaucoup d'élégance extérieure beaucoup de grâce dans l'esprit et
même des connaissances, mais sans frein dans sa passion et sa
conduite, libre dans ses mœurs, faisant une dépense outrée,
plein d'inconsidération et de légèreté ». Au dire du duc de Lévis,
« on ne pouvait lui refuser de l'esprit, mais, pour du jugement,
il en était totalement dépourvu. » Madame de Genlis ne se
montre guère plus indulgente en écrivant : « Le prince Louis
avait une figure très agréable, des manières trop lestes pour son
état, une conversation frivole, animée, spirituelle ; il n'était rien
de ce qu'il devait être, mais il était aimable autant qu'on le peut
être, hors de sa place et de son caractère. » Madame d'Oberkirch,
lorsqu'elle fut reçue par lui, en 1780, à Strasbourg, se trouva
éblouie devant ce « beau prélat, fort peu dévot, fort adonné aux
femmes, plein d'esprit et d'amabilité, mais d'une faiblesse,
d'une crédulité qu'il a expiées bien cher ;... il menait un train de

maison ruineux et invraisemblable à raconter ». Enfin madame
Campan était particulièrement excusable de ne témoigner aucune
indulgence pour ce personnage « aussi léger et aussi immoral »;
elle estimait, en outre, qu'il « n'avait que de faibles teintures en
tous genres, et ignorait tout ce qui peut servir à la diplomatie ».

Lorsqu'avant même de prendre officiellement possession des
Affaires étrangères le duc d'Aiguillon le désigna à la place du
baron de Breteuil, le comte de Mercy-Argenteau ne craignit pas
de le dépeindre en ces termes au premier ministre autrichien,
Kaunitz, dans une lettre datée du 22 juin 1771 : « Le choix du
coadjuteur de Strasbourg pour l'ambassade de Vienne paraît
ici des plus étranges, parce que ce jeune prélat ne s'était fait
connaître jusqu'à présent que dans les ruelles et par ses aventures galantes ; il est d'ailleurs assez aimable en société, fort gai
et encore plus léger ; je sais qu'il se prépare à endosser le man-
teau de l'hypocrisie, mais je doute que sa pétulance naturelle lui
permette de contenir un rôle si composé » ; et l'ambassadeur de
Marie-Thérèse, le conseiller et confident de la future reine
de France, ajoutait à propos de l'éloignement de Breteuil :
« J'en ai un regret proportionné à ma très mince opinion de son
successeur. » Enfin, Marie-Antoinette elle-même, dans une de
ses lettres parfois si pleines de sens, toujours si modérées, si
touchantes avec une nuance de résignation et de tristesse à
l'époque même où elle paraissait si frivole, se hasardait à
l'appréciation suivante : « L'on dit que c'est le coadjuteur de
Strasbourg qui doit aller à Vienne. Il est de très grande maison,
mais la vie qu'il a toujours tenue ressemble plus à celle d'un
soldat que d'un coadjuteur. »

Ces jugements peu flatteurs étaient d'autant mieux acceptés
par la cour de Vienne qu'elle avait déjà une médiocre opinion
sur les affaires de France ; elle la manifestait d'ailleurs adroite-
ment, comme pour justifier d'avance la trahison qu'elle se préparait à commettre envers son alliée trop insouciante, il est vrai,
mais toujours fidèle. C'est ainsi que, dans les réponses adressées
par le prince de Kaunitz à Mercy dans le cours du printemps

de 1771, on relève les phrases suivantes : « Il est certain qu'il est affreux de voir un État gouverné comme l'est la France aujourd'hui. En bons amis et alliés, nous sommes honteux de l'ineptie et des causes misérables et scandaleuses de tout ce qui se passe là où vous êtes. Je suis outré, entre autres, des iniquités qu'éprouve M. de Breteuil. »

Quant à l'opinion de Marie-Thérèse sur le prince Louis, ces quelques lignes d'une lettre qu'elle adressait de Schönbrunn, le 8 juillet 1771, à Mercy permettent de la connaître exactement : « J'ai tout lieu d'être mécontente du choix que la France a fait d'un aussi mauvais sujet que l'est le coadjuteur de Strasbourg pour l'ambassade ici. Je l'aurais peut-être refusé si je n'avais pas été retenue par la considération des désagréments qui auraient pu en rejaillir sur ma fille, mais vous ne laisserez pas de faire sentir à la cour de France qu'on fera bien de recommander à cet ambassadeur une conduite sage, conforme à son état et au poste qu'il va occuper, et que d'ailleurs je ne serais pas d'humeur de conniver aux écarts et scandales auxquels il voudrait peut-être s'abandonner. Je vous avoue, je crains nos femmes ici. »

Le prince Louis se présentait donc comme l'ambassadeur fort peu estimé d'une nation presque discréditée. Avec cela, il arrivait à un moment où il aurait fallu montrer beaucoup de décision, d'énergie, une habileté diplomatique consommée pour s'associer honorablement à des combinaisons politiques qui s'annonçaient, s'imposaient, ou même pour être simplement à la hauteur de circonstances singulièrement délicates. A tous égards, l'élégant coadjuteur était incapable de remplir cette lourde tâche, mais on peut ajouter aussi qu'il ne lui était pas prescrit de la mener à bonne fin : comme le disait Mercy, la France se trouvait alors « sans exercice de justice, sans ministère et sans argent ». Le peu d'avantages qu'on pensait d'une part retirer de la mission du prince Louis, le peu d'attention qu'on y prêtait d'autre part, facilitaient, après tout, cette singulière ambassade.

Et, comme s'il se rendait compte que son rôle devait être
purement représentatif, son attitude essentiellement décora-
tive, il passa de longs mois à s'organiser une suite nombreuse
et brillante, à préparer un fastueux train de maison, si occupé
d'acquérir la supériorité du luxe et de l'élégance sur ses futurs
collègues qu'il ne songeait guère à se rendre dans les bureaux
pour s'initier, auprès de Favier, à des fonctions auxquelles il ne
se trouvait nullement préparé. Il lui suffisait d'éblouir ; il s'y
adonnait avec acharnement.

Ces préparatifs interminables produisirent une fâcheuse
impression. Le duc d'Aiguillon, qui avait tout d'abord paru très
favorablement disposé, qui l'avait engagé si fortement à accepter la place qu'il lui destinait, faisant miroiter à ses yeux de
brillants avantages, se plaignit de ces retards excessifs, de ces
dépenses exagérées. Il lui fit observer que la première moitié
des préparatifs coûtait déjà plus de cent mille livres, que l'état
des finances ne permettait pas de pareilles prodigalités, et il
profita de l'occasion pour ajouter qu'il ne pouvait plus lui pro-
mettre le secours du trésor royal dans une aussi large mesure
qu'il le lui avait laissé espérer au début. Mais le prince Louis,
dont l'existence était toute pour l'extérieur, qui avait l'amour de
la représentation, la folie du luxe, ne parut pas s'émouvoir de
remarques aussi judicieuses ni comprendre qu'il fournissait
déjà des armes contre lui, qu'il justifiait ainsi le ralentissement
d'une bienveillance plus apparente que réelle et sans doute fort
intéressée.

Ce fut le 28 décembre 1771 seulement qu'il se décida à quitter
Strasbourg pour prendre la route de Vienne, croyant avoir
rempli une des parties les plus importantes de sa tâche en s'en-
tourant d'une suite nombreuse, en se faisant suivre d'un brillant
cortège, s'étant donné d'ailleurs un mal infini pour y parvenir
et n'oubliant qu'un détail, celui de demander à son ministre des
instructions précises et complètes.

Son premier secrétaire, l'abbé Georgel, qui lui fut sincèrement attaché et s'efforça toujours, en rédigeant ses mémoires,

d'excuser ou d'atténuer ses faiblesses et ses fautes, détaille ainsi le fameux cortège qui devait en imposer à la cour de Vienne et qui, pour commencer, indisposait fortement la cour de Versailles : « Les deux voitures de parade avaient coûté quarante mille livres ; la richesse y était prodiguée par la main du goût ; une écurie de cinquante chevaux, un premier écuyer et deux piqueurs ; sept pages tirés de la noblesse de Bretagne et d'Alsace, richement habillés, avec un gouverneur et un précepteur ; deux gentilshommes pour les honneurs de la chambre, dont le premier était bailli de Malte et l'autre capitaine de cavalerie ; six valets de chambre, un maître d'hôtel, un chef d'office avec des uniformes écarlates à larges galons d'or, deux heiduques, quatre coureurs, dont chacun des habits, chamarrés de broderies d'or et d'argent à paillettes, avait coûté quatre mille livres ; douze valets de pied, deux suisses, l'un pour les appartements et l'autre pour la porte, dont les habits de grande livrée étaient faits pour attirer les regards ; dix musiciens habillés d'écarlate avec des galons d'or à la boutonnière ; un intendant de maison, un trésorier, quatre gentilshommes d'ambassade nommés et brevetés par la cour, sans le secrétaire d'ambassade et quatre secrétaires. » C'est par modestie sans doute que l'abbé Georgel indique à la fin de son énumération le personnel de l'ambassade même où il occupait le premier rang ; il ne met évidemment aucune malice dans l'ordre qu'il suit, mais il est certain que le jeune ambassadeur avait apporté autant de soin dans l'achat de ses voitures et de ses chevaux que dans le choix de ses secrétaires : son cortège était tout un symbole.

La première étape fut courte et se termina sur la limite de la juridiction de l'évêché de Strasbourg, à l'abbaye de Schwartzach : toutes les cloches sonnaient et cent quatre-vingts paysans se trouvaient sous les armes pour recevoir le prince Louis qui promit son portrait, comme un grand personnage qu'il était. La route se continua par Rastadt, Karlsruhe, Stuttgart, à travers les montagnes de Wurtemberg où les beaux carrosses dorés laissèrent quelques essieux. En arrivant sur les bords du Danube, le

1ᵉʳ janvier 1772, une députation de la ville d'Ulm vint recevoir l'ambassadeur, qui manifesta le désir de garder l'incognito. Il prit le nom d'une de ses terres aux environs de Meaux, mais le « comte de Coupray » ne passa cependant pas inaperçu à Augsbourg et à Munich, où il s'arrêta deux jours, à Muhldorf, Braunau, Ried, Linz. Puis, après d'autres haltes encore, dépouillant son nom d'emprunt pour reprendre sa dignité d'ambassadeur, il fit son entrée dans Vienne le 10 janvier, à cinq heures du soir. Pour plaire à la populace, il avait eu soin de faire mettre à toutes ses mules des fers d'argent très légèrement cloués avant de franchir les portes, de sorte que ces fers se détachèrent à travers les rues de la ville ; en mettant pied à terre devant le palais de l'ambassade, il s'était ainsi attiré déjà de chaudes ovations et acheté quelques sympathies.

Dans les visites et les réceptions d'apparat qui occupèrent les premières journées, le représentant de Louis XV parut tout à son avantage : son élégance naturelle, son exquise politesse, son goût pour l'observation stricte du cérémonial produisirent une impression favorable dans toute la société et lui valurent le bon accueil même des politiques les plus prévenus contre sa valeur personnelle. Le lendemain de son arrivée, à la première heure, il fit demander audience chez le prince de Kaunitz et chez le prince de Colloredo, ministre de l'empereur Joseph II, qui l'accordèrent immédiatement ; il les reçut à son tour, en présence de tout le personnel de l'ambassade et sans négliger aucun détail d'étiquette. Le surlendemain, il fut reçu par Joseph II, mais le 19 seulement par Marie-Thérèse qui prétexta un rhume violent pour se permettre moins d'empressement. Ce même jour, il fit sa cour aux archiducs et archiduchesses. Le 20, il fit annoncer son arrivée aux ambassadeurs étrangers ; il la notifia également à la noblesse de la ville et fit distribuer des billets annonçant qu'il recevrait le 23, le 24 et le 25, de midi à deux heures.

Le 22, il avait rendu les visites des ambassadeurs en commençant par le nonce, par lord Stormund, ambassadeur d'Angleterre, le comte Gradenigo, ambassadeur de Venise, et le comte de Mahoni, ambassadeur d'Espagne.

Son grand écuyer, le baron Zorn de Bulach, qui a laissé quelques notes sur l'existence mondaine et les déplacements de l'ambassadeur, sans toutefois, par discrétion ou indifférence, jamais écrire un mot relatif à la politique ni une appréciation quelconque, signale avec sa sécheresse coutumière la solennité des réceptions : « Le 23, 24, 25, écrit-il, toute la première noblesse de robe et militaire, à laquelle l'arrivée avait été annoncée, est venue faire visite. Le maître de cérémonie se tient à l'entrée de la chambre de réception, et, à mesure qu'il vient quelqu'un, il lui est annoncé par le fourrier de la chambre. Si c'est un dignitaire, le prince sort jusqu'au delà de l'antichambre, accompagné de son gentilhomme de cérémonies, et le conduit dans la salle de réception. Si c'est un chambellan ou de robe, il le reçoit sous la porte de la salle de réception. Lorsque quelqu'un sort, il le reconduit de la même façon avec son gentilhomme de cérémonies. Autrefois l'ambassadeur reconduisait les gens titrés jusqu'au bas de l'escalier. Toute la maison, pages, etc…, sont en gala ces jours-là et se tiennent en haie, les gentilhommes dans la salle de réception pêle-mêle avec tout le monde, les pages dans la chambre de devant, les valets de chambre et maîtres d'hôtel dans celle d'après, les heiduques, valets de pied et coureurs dans l'antichambre en haie. L'ambassadeur rend le lendemain les visites à tout le monde, mais il n'est pas reçu ; presque nulle part il lâche des billets. »

Les égards qui lui furent prodigués à la cour, l'empressement que lui témoigna la noblesse, comblèrent de joie le prince Louis. Très fier de l'accueil qu'il venait de recevoir, il se complut à le faire connaître, à souligner les procédés des ministres Kaunitz et Colloredo allant aussitôt lui faire visite, « quoiqu'il ne soit pas dans l'usage de la rendre le jour même ». Dans sa première lettre à Louis XV, le 21 janvier, il lui rapporte l'attitude particulièrement bienveillante, presque familière de Joseph II, et il termine ainsi le compte rendu de cette audience : « Il [l'empereur] m'a dit qu'il espérait que Votre Majesté était contente de madame la Dauphine et, changeant assez promptement de conversation, il l'a portée sur des sujets moraux et en a choisi un qui m'a étonné : *le malheur d'être né pour commander les hommes.* La discussion a été assez longue ; l'Empereur soutenait son avis avec chaleur ; cependant j'ose dire que j'ai terminé avec avantage en lui faisant le portrait d'un roi chéri par ses peuples et dont le cœur est si connu de ses sujets que rien ne peut altérer l'amour dont ils sont pénétrés, de sorte que, si des circonstances inévitables amenaient des moments un peu fatigants pour eux, ce même amour les ferait supporter sans murmure. Qu'il est doux, Sire, de présenter sous ces traits le portrait de son maître ! .. » Plus tard, lorsqu'arrivèrent les « moments un peu fatigants », le prince Louis devait-il se souvenir de cette conversation soutenue par lui avec son aisance et sa légèreté habituelles, de la transition presque prophétique de Joseph II qui cessait de parler de sa sœur Marie-Antoinette pour discourir sur le malheur d'être souverain ?

Mais ce qui charme par-dessus tout le naïf ambassadeur, c'est l'accueil souriant que lui réserve l'austère Marie-Thérèse. Il n'a pas deviné les sentiments peu sympathiques qu'elle nourrit à son égard ; il n'a pas compris qu'un rhume violent pouvait n'être qu'un prétexte pour retarder l'audience nécessaire, inévitable ; il n'a pas senti, lui, le gentilhomme esclave des conventions mondaines, que le sourire pouvait dissimuler le mépris ou, tout au moins, l'indifférence. Il est ému lorsque l'Impératrice l'engage à ne pas s'inquiéter de la froideur naturelle de Kaunitz, qui mérite pourtant une entière confiance. Alors il se souvient précisément d'une phrase de ce ministre qui n'était pas seulement un grand politique, mais un profond philosophe aussi, qui savait capter la confiance de chacun en flattant ses faiblesses, en approuvant ses tendances, qui, en un mot, était un parfait diplomate. La recommandation de Marie-Thérèse lui paraît superflue, car, avec une ingénuité vraiment touchante, il répète à Louis XV une déclaration de Kaunitz lui apprenant que « son extérieur lui confirmant le bien qu'on lui en avait dit, il sentait naître une sympathie dont il lui faisait l'aveu avec confiance ». Enfin, il termine sa lettre à Louis XV par une phrase qui lui permet, sinon de prouver son crédit soudain auprès de l'Impératrice, tout au moins de flatter le Roi dans ce qui lui tenait le plus à cœur; il ajoute donc : « Elle m'a parlé ensuite avec détail de madame la Dauphine et du désir qu'elle a qu'elle satisfasse Votre Majesté sous tous les rapports et surtout en témoignant égard aux personnes que Votre Majesté distingue et honore de ses bontés. » S'il n'oublie pas Marie-Antoinette, c'est afin de pouvoir faire allusion à Mme du Barry. Il néglige toutefois de rapporter que, lorsqu'il sollicita la bonté et l'indulgence de Marie-Thérèse, celle-ci lui répondit très finement que tous ses prédécesseurs avaient été contents d'elle, notamment « Choiseul qu'elle n'oublierait jamais », que, déconcerté, il répéta machinalement cette phrase pour répondre quelque chose et couper un long silence.

Il ne suffisait pas de montrer les talents de gentilhomme et de courtisan, il fallait commencer le lourd et délicat métier de diplomate. Le prince de Rohan l'entreprit avec une évidente bonne volonté, avec une grande assurance aussi, qu'enhardissaient ses succès mondains. Et puis le ministre n'avait-il pas fait taire ses premières et courtes hésitations en lui assurant qu'il trouverait à Vienne un véritable diplomate de carrière qui occupait par intérim le poste depuis deux ans, obligé par sa situation personnelle et son nom modeste à rester au second plan alors que ses capacités le rendaient digne d'une ambassade? Bien plus, M. Durand était invité à prolonger un peu son séjour en Autriche afin de l'initier aux affaires et guider ses débuts. Mais ce fut surtout l'abbé Georgel qui se trouva en rapports fréquents avec le chargé d'affaires, et l'abbé Georgel n'était pas capable de remplacer aussitôt cet utile conseiller. Le prince Louis eut le tort de croire que les questions politiques pourraient se traiter dans la coulisse et qu'il lui suffirait de parader sur la scène : il se montra tel qu'on l'avait jugé d'avance, un figurant tout au plus, et la comédie se joua sans même qu'il s'en aperçût, comme s'il se trouvait absent du théâtre, à la grande satisfaction de la cour de Vienne.

Il faut ajouter cependant, pour sa défense, que jamais agent ne fut plus mal dirigé, plus faiblement secondé dans des circonsrances aussi difficiles. Le partage de la Pologne était chose prévue, sinon décidée, et le ministère français, loin de faire valoir ses droits et d'accomplir ses devoirs, ne songeait même pas à une retraite honorable : il se résignait à la déroute. « Avec quelque soin qu'on ait étudié dans ces derniers temps la conduite du nouveau ministre de Louis XV à la veille du partage de la Pologne, observe le duc de Broglie dans *le Secret du Roi*, il a été impossible de deviner quel but il se proposa, quel plan il suivit, dans quelle voie il marcha pendant les quatre mois qui s'écoulèrent depuis son avènement jusqu'au 5 août 1772, jour qui vit consommer l'attentat. » — « Entre le péril d'être victime de Frédéric et celui d'être dupe de Marie-Thérèse, dit encore le duc de Broglie, la France avait à naviguer dans une passe semée d'écueils où les meilleurs pilotes ne pouvaient avancer que la sonde à la main. » Le duc d'Aiguillon avait donc pris le gouvernail sans souci du naufrage ; à aucun moment, il ne chercha à s'orienter. En définitive, son agent de Vienne se trouvait assez excusable de n'avoir lui-même aucune ligne politique, d'attendre les événements au lieu de les prévoir et de rester un acteur sans emploi.

Et puis, dans le jeu des combinaisons, eût-il été de taille à se mesurer avec le puissant partenaire qu'était le prince de Kaunitz, dont le baron de Gleichen peint les qualités personnelles remarquables et les singularités dans un curieux portrait, dont Frédéric II lui-même ne put avoir raison tout en écrivant qu'avec « un sens droit il avait l'esprit rempli de travers » ? Kaunitz connaissait à merveille la politique, les ressorts intimes des diverses cours et, en particulier, de la cour de Versailles, auprès de laquelle il avait été accrédité ; il savait aussi, par l'expérience même de la guerre de Sept ans, qu'on pouvait abuser de

Louis XV en exploitant auprès de lui les sentiments de loyauté,
d'honneur, de désintéressement. Les sympathies naturelles de
Marie-Thérèse pour la France et le penchant mal dissimulé de
Joseph II pour la Prusse rendaient souvent sa situation délicate,
mais cette situation demeurait prépondérante en Autriche et il
la maintenait, écrit le duc de Broglie, « calculant, pesant et sou-
pesant avec l'expérience d'un vieux routier les chances bonnes
ou mauvaises des deux partis contraires ».

L'historique du démembrement de la Pologne n'est plus à
faire ; ce triste événement, qui démontra l'impuissance ou plutôt
l'incapacité du gouvernement de Louis XV, a été étudié par le
duc de Broglie, puis magistralement traité par M. Albert Sorel,
tandis que, de son côté, M. Albert Vandal a minutieusement
décrit l'action de la Russie pendant cette même période. D'ailleurs, tout était décidé lorsque le prince Louis parvint en
Autriche ; il ne fut pas mêlé aux négociations échangées entre
les cours de Berlin, Pétersbourg et Vienne ; il ne les connut
même que très tardivement. Ses appréciations sur le grand fait
politique qui reçut sa consécration officielle pendant son ambassade ne méritent donc d'être signalées qu'à titre documentaire et
parce qu'elles permettent de juger leur auteur.

On sait que Kaunitz avait à choisir entre la guerre, une véritable abdication ou le partage ; qu'après avoir lui-même hésité
longtemps, il finit par triompher des justes scrupules de Marie-
Thérèse et faire accepter de la cour de Versailles un acte
qui constituait à son égard une véritable trahison. « Il établit,
dit M. Albert Sorel, que, tout en se réservant de proposer dans
l'avenir des combinaisons différentes, il convenait de prendre acte
du partage de la Pologne, de se nantir dans ce pays et d'établir
formellement les droits de l'Autriche à un démembrement.
L'équivoque qui subsistait dans cette proposition, le prestige
décevant qu'exerçaient sur l'esprit de Marie-Thérèse les belles
paroles d'équilibre et d'égalité, triomphèrent de ses scrupules. »
Le 19 février 1772, c'est-à-dire peu de jours après l'arrivée du
prince Louis, elle apposa sa signature au bas d'un projet de

déclaration qui consacrait l'accession définitive de l'Autriche aux visées de la Prusse et de la Russie.

Dès ses premières dépêches, Rohan montre qu'il cherche vainement à connaître la politique autrichienne : il sent que des choses graves s'agitent, que des conventions se discutent, mais il ne parvient pas à les pénétrer. Il paraît même ignorer les entrevues déjà anciennes de Neustadt et de Neiss entre Joseph II, Kaunitz et Frédéric II. Il assiste, le 30 janvier, au « Kammerfest » ou bal de la cour; il a une conversation de près d'une heure dans le coin d'une salle avec l'Empereur, qui lui avoue son intention de faire prochainement campagne, puis semble contrarié d'avoir prononcé cette phrase et la corrige en ajoutant, « mais je suis toujours aux ordres de S. M. l'Impératrice », pour montrer qu'il vient d'exprimer un désir tout personnel et non pas de dévoiler une résolution prise dans le conseil. D'autre part, le duc d'Aiguillon ne l'exhorte nullement à percer le mystère. Dans une longue dépêche en date du 6 février, qui doit lui tenir lieu d'instructions générales, il insiste sur le rôle passif de la France : « Le Roi, lui dit-il, n'a contracté qu'une seule obligation formelle, et il se bornera à la remplir, c'est celle de secourir la maison d'Autriche si elle est attaquée dans ses possessions. Le traité du 1er mai 1756 détermine les cas de l'alliance ainsi que la portée des secours. » Il le prévient qu'il ne faut sous aucun prétexte s'immiscer dans les querelles particulières et il conclut : « Tel est le cercle étroit des vues dans lequel le système actuel du Roi nous circonscrit. » Dans une nouvelle dépêche, cinq jours après, il lui recommande de ne pas interroger la cour de Vienne et d'attendre ses ouvertures. Cette recommandation de garder un rôle passif a d'autant plus de poids que Louis XV sait parfaitement à quoi s'en tenir; chose curieuse, c'est Frédéric II lui-même qui a jugé habile de lui dénoncer les projets autrichiens. La phrase suivante écrite par Louis XV le 12 janvier 1772, au comte de Broglie, chef de la correspondance secrète, en témoigne : « c'est pour marquer toute notre confiance en la cour de Vienne que M. d'Aiguillon a communiqué les lettres

de Prusse à M. de Mercy et pour juger si elle ne voudrait pas
avoir sa part au gâteau sur la Pologne, comme il y a tout lieu de le
croire... »

Désormais, le prince Louis pouvait décliner toute responsabilité et conserver, quoi qu'il advînt, sa belle assurance : son
ministre lui prescrivait la plus simple des lignes de conduite, qui
consiste à attendre et laisser faire.

Plus qu'aux affaires de Pologne, il s'intéresse alors à de prétendues découvertes, à des procédés nouveaux qui devaient réa-
ser d'immenses bénéfices. Il suit les expériences d'un Français,
François Solignac, qui essaie une machine pour faire le pain et
le biscuit de mer par grandes quantités. Il se passionne pour un
procédé de l'abbé de Bruges relatif à « la conversion des sels de
mer, des montagnes, des fontaines, etc..., en salpêtre aiguillé »;
après avoir probablement fourni de l'argent, il rédige de longs
mémoires sur cette question. il assure que le Roi gagnerait deux
cent mille louis sur les trois à quatre cent mille quintaux de sels
employés à faire du salpêtre et huit cent mille louis sur l'achat
du salpêtre ; il entre dans les plus grands détails. En s'attachant
à des expériences incapables d'obtenir un résultat pratique, il
révèle ses goûts pour la nouveauté, pour les entreprises indus-
trielles ou financières qui promettent de fantastiques bénéfices.
et il ne faut plus s'étonner de l'incompréhensible admiration,
de la confiance sans bornes qu'il devait témoigner plus tard
à Cagliostro.

Pendant ce temps, l'abbé Georgel travaille avec acharnement
dans les bureaux de l'ambassade, car M. Durand, envoyé à Saint-
Pétersbourg, doit partir à la fin de mars, recevant alors de Kaunitz, en souvenir d'estime, une boîte d'or émaillée, garnie de
brillants, avec une bague de diamants. L'abbé Georgel se plaint
de ce que les dépêches sont mal chiffrées, de ce qu'il lui faut de
longues heures pour les lire. Il reçoit cette note, accompagnée de
conseils techniques : « Le bureau de M. Gérard prie M. l'abbé
Georgel de vouloir bien joindre à l'attention que demande le
déchiffrement du dictionnaire la patience qu'exige cette opéra-

2

tion », et M. Gérard lui fait observer qu'il s'est trompé à diverses reprises, notamment dans une dépêche contenant quelques appréciations peu bienveillantes à l'égard de Kaunitz, laissant entendre que cette dépêche avait été certainement lue en cours de route. Ce simple incident permettait aux bureaux du ministère de suivre l'exemple de d'Aiguillon et de n'avoir qu'une médiocre confiance dans les capacités du poste de Vienne.

Mais on venait d'apprendre la prise du château de Cracovie, occupé par les Russes, emporté d'assaut le 3 février par M. de Choisy, brigadier des armées du Roi, qui commandait sous les ordres du baron de Vioménil, représentant de Louis XV en Pologne. Si la France voulait intervenir, le moment en était venu, et il lui fallait tout d'abord envoyer des secours à la poignée de braves qui luttaient pour la défense de la Pologne. Le prince Louis sortit aussitôt de son inaction et réclama l'appui de l'Autriche; il entendit, sur la conduite des officiers français, d'intarissables éloges formulés tour à tour par Marie-Thérèse, Joseph II, Kaunitz, par le maréchal de Laczy, ministre de la guerre, enfin de belles phrases sans aucune promesse effective. Ce fut alors que, dans un accès d'indignation qui ne saurait lui être reproché, il joignit à une de ses dépêches officielles cette lettre souvent citée qu'il adressait à d'Aiguillon personnellement : « J'ai effectivement vu pleurer Marie-Thérèse sur les malheurs de la Pologne opprimée; mais cette princesse, exercée dans l'art de ne point se laisser pénétrer, me paraît avoir les larmes à commandement : d'une main elle a le mouchoir pour essuyer ses pleurs, et de l'autre elle saisit le glaive de la négociation pour être la troisième puissance copartageante. »

La fameuse lettre, au lieu d'être simplement communiquée à Louis XV, fut confiée par d'Aiguillon à Mme du Barry. Cet acte tout au moins incorrect d'un ministre trop courtisan est d'autant plus croyable que la lettre ne se retrouve précisément pas dans la correspondance classée au ministère des Affaires étrangères. D'après des témoignages dignes de foi, Mme du Barry en aurait donné lecture pendant un souper, et tout le monde aurait

cru que le prince Louis correspondait régulièrement, directement avec elle. Cette appréciation, sans doute assez brutale et
quelque peu méprisante, aggravée par les circonstances qui la
révélèrent, par les interprétations inexactes auxquelles elle
donna prise, ne tarda pas à être connue de Marie-Antoinette.
De France elle se répandit en Autriche; elle eut des suites
funestes pour son auteur.

Marie-Thérèse, qui s'était d'abord laissé presque séduire par
le charme des manières du nouvel ambassadeur, ne tardait d'ailleurs pas à oublier cette première et très fugitive impression. Au
bout de quelques jours, la méfiance était revenue, s'aggravant
d'hostilité et ensuite de mépris. Sauf lorsqu'elle lui décrit la
première entrevue, toutes ses lettres à Mercy contiennent des
phrases de plus en plus sévères sur le compte du prince Louis :
« Je ne saurais accorder mon approbation à l'ambassadeur
Rohan; c'est un gros volume farci de bien mauvais propos, peu
conformes à son état d'ecclésiastique et de ministre, et qu'il
débite avec impudence en toute rencontre; sans connaissance
d'affaires et sans talents suffisants, avec un fonds de légèreté,
présomption et inconséquences. On ne saurait faire compte ni
sur ses explications, ni sur ses rapports. La cohue de sa suite
est de même un mélange de gens sans mérite et mœurs. Je ne
vous le dis pas dans la vue de faire demander son rappel, mais,
si la cour prenait elle-même ce parti, j'en serais très contente. »
(Lettre du 1er mars 1772.) — « Le prince de Rohan me déplaît
de plus en plus; c'est un bien mauvais sujet, sans talents, sans
prudence, sans mœurs; il soutient fort mal le caractère de
ministre et d'ecclésiastique. L'Empereur aime à la vérité s'entre-
tenir avec lui, mais c'est pour lui faire dire des inepties, bavar-
dises et turlupinades. Kaunitz paraît assez content de lui parce
qu'il ne l'incommode pas et lui montre toute sorte de soumission.
Je ne veux pas, du moins en ce moment, demander son rappel,
mais je vous répète que je le verrais avec plaisir dénicher d'ici. »
(Lettre du 18 mars.) — « Rohan est toujours le même, mais
presque toutes nos femmes, jeunes et vieilles, belles et laides, ne

sont pas moins ensorcelées de ce bien mauvais original d'extravagances et étourderies. »(Lettre du 1ᵉʳ septembre.) — « Le prince
de Rohan est toujours le même, sans mœurs, sans caractère,
sans talent, sans génie ; c'est un vrai panier percé. Cependant, il
fait radoter toutes les femmes ici. Ses extravagances augmentent
tous les jours et me le rendent presque insupportable. Je serais
bien aise d'en être délivrée d'ici au printemps prochain pour ne
pas être obligée de faire à la fin des démarches pour obtenir son
rappel. » (Lettre du 2 octobre). Et chaque fois que Marie-Thérèse
écrit son nom, c'est pour articuler les mêmes plaintes, souhaiter
son départ, « radotant » même à son tour, mais de tout autre
façon que les grandes dames de Vienne.

Il était impossible de témoigner une plus grande antipathie.
C'est que d'autres griefs, à la vérité assez graves, venaient se
joindre à la mauvaise impression provoquée par la lettre lue à
une des galantes réunions de Mme du Barry.

Les soupers étaient alors fort en vogue à Versailles. Le prince
Louis eut l'idée aussi maladroite que déplacée d'introduire cette
mode à Vienne. Il institua, chaque semaine, des soupers de cent
à cent cinquante personnes où « la jeunesse jouissait d'une hon-
nête liberté », rapporte l'abbé Georgel. Ces soupers avaient lieu
assez tard dans la nuit, par petites tables organisées au gré des
convives. Ils ne tardèrent pas à être très recherchés. « Cette
nouveauté plut généralement à Vienne, mais généralement aux
dames, avoue l'abbé Georgel. Avant l'arrivée du prince ambassadeur, les soupers étaient inconnus. Jusqu'alors les repas de
cérémonie se donnaient au dîner. Cette interversion de l'ordre
déplut extrèmement à Marie-Thérèse : la régularité de ses mœurs,
son goût pour les plaisirs paisibles, lui faisaient désapprouver
ces assemblées nocturnes comme dangereuses et propres à faire
naître un commerce de galanterie trop souvent nuisible à
l'union des ménages. » Ce fut en vain que l'Impératrice manifesta son mécontentement, en vain qu'elle chargea le prince de
Saxe-Hilburghausen de demander la suppression de fêtes qu'elle
jugeait scandaleuses : le prince Louis, qui n'affichait aucune

liaison et ne se compromettait personnellement par aucun scandale, eut le nouveau tort de ne pas comprendre les observations indirectes, d'opposer même un refus formel à la démarche du prince de Saxe-Hilburghausen, répondant cavalièrement qu'il avait l'habitude de souper et de se délasser ainsi des occupations du jour, qu'il ne pouvait contremander des invitations faites pour une longue durée, laissant parfaitement entendre qu'il n'admettait aucune ingérence dans des affaires qu'il considérait comme personnelles et privées.

Ce fut ainsi que, sans davantage s'émouvoir, il continua de donner des soupers par petites tables, à la satisfaction de la société viennoise et à son détriment. Son ambassade fut une longue série presque ininterrompue de fêtes joyeuses, éclatantes. Lorsqu'il séjourna aux eaux de Baden, à six lieues de Vienne, en juin 1772, il organisa une grande fête champêtre avec théâtre, jeux divers, et les inévitables soupers par tables « agréablement assorties ». Peu de temps après, il prit part à de nombreuses chasses en battue : le 22 septembre, chez le prince d'Auersperg, il tira 868 coups de fusil et le lendemain 1328, toutes ces chasses suivies naturellement de danses et de soupers. Des battues de faisans, puis de sangliers, succédèrent aux battues de perdreaux et de lièvres, et toutes ces réunions, qui n'étaient pas exclusivement cynégétiques, n'allaient pas sans quelques aventures. Il acceptait avec empressement les invitations des grands seigneurs autrichiens ; lorsqu'il s'y rendait, en brillant équipage toujours, généralement vêtu d'un habit brun qui faisait sensation ou d'un juste-au-corps vert à brandebourgs d'or avec une aigrette en plumes de faucon au chapeau, il ne comprenait pas que Marie-Thérèse favorisait indirectement l'éloignement d'un ambassadeur trop turbulent pour elle et d'un témoin parfois gênant pour Kaunitz. Pour ce motif et non par une attention délicate, elle avait même mis à sa disposition un château situé sur les bords du Danube, où il pouvait plus librement encore recevoir à sa table et organiser de nombreuses parties de chasse.

A l'incident des soupers, qui indisposa d'autant plus gravement Marie-Thérèse qu'elle n'eut pas le dernier mot, vint s'en joindre un autre qui valut en outre au prince Louis les malédictions de tous les représentants étrangers. D'après un usage établi, les divers bagages d'un ambassadeur et de sa suite n'étaient pas soumis aux droits de douane établis en Autriche. Des fraudeurs profitèrent du nombreux cortège, encombré des colis les plus variés, qui s'ébranla lentement de Strasbourg le 28 décembre 1771, pour s'entendre avec quelques valets et faire passer ainsi une importante quantité de marchandises. Les nombreuses ventes secrètes qui eurent lieu autour de l'ambassade attirèrent l'attention. Le prince Louis fut prévenu; il demanda lui-même la visite de ses appartements, mais les agents de la douane perquisitionnèrent vainement, les coupables ayant eu le temps de tout transporter en lieu sûr. Quelques jours après, il annonça qu'il venait de punir sévèrement plusieurs valets, et la cour de Vienne, s'en rapportant à ses déclarations, parut satisfaite.

Naturellement, il se montra très sobre d'explications sur cette aventure dans ses dépêches à Versailles. D'Aiguillon, qui s'était plaint jadis de l'importance exagérée de son cortège, aurait eu beau jeu de lui rappeler cette critique. Dans une entrevue avec l'Impératrice sur cette délicate affaire, il fit valoir que les chefs de la douane et de la police lui avaient souvent affirmé « qu'il n'y avait pas de maison d'ambassadeur où il y eût autant d'ordre et d'exactitude pour les règlements. » Marie-Thérèse ne put qu'être de son avis et profita, paraît-il, de l'occasion « pour dire les choses les plus flatteuses ». C'est ainsi qu'il rapporte, dans une dépêche du 9 novembre 1772, la première conclusion d'une affaire que son manque de jugement estimait insignifiante et que son persistant optimisme regardait comme incapable de nuire à sa réputation.

Le peu d'empressement qu'il manifesta pour tirer les choses au clair, son indifférence manifeste, servirent d'encouragement aux auteurs de cette ingénieuse combinaison : ils continuèrent leur commerce, utilisant les courriers, qui, n'étant pas visités à la frontière, apportaient d'autres marchandises. Une surveillance étant établie, les nouvelles fraudes furent promptement découvertes. Afin d'éviter un affront personnel au représentant de la puissance alliée, le gouvernement autrichien prit une mesure radicale et supprima, en décembre 1772, les franchises des ambassadeurs. Ceux-ci furent extrêmement mécontents d'avoir à supporter les conséquences d'une faute isolée; personne ne fut dupe à Vienne des motifs d'une semblable décision, et le crédit du prince Louis, qui ne se maintenait plus que par ses prodigalités, se trouva très sérieusement atteint. On parla longtemps de ces fraudes dans les diverses cours, ce qui permit à Mme Campan d'ajouter en note à ses mémoires : « J'ai souvent entendu raconter à la Reine qu'il s'était vendu en un an, dans le secrétariat du prince de Rohan, à Vienne, plus de bas de soie qu'à Lyon et à Paris. »

D'autres incidents vinrent encore plus tard attirer maladroitement l'attention sur l'ambassade. Marie-Thérèse rapporte et commente ainsi elle-même deux de ces incidents dans une de ses lettres de juillet 1773 à Mercy : « Il ne faut plus compter sur le changement de la conduite du prince de Rohan. C'est un homme tout à fait incorrigible, et ses domestiques, très mauvais sujets, ressemblent parfaitement à leur vilain maître ; ils gâtent mon peuple, de même que leur maître la noblesse. Leur insolence va jusqu'au dernier excès et révolte mes sujets qui reprennent déjà les anciennes animosités contre la nation française et pourraient bien se porter à la fin à des voies de fait. A un feu d'artifice au Prater, ayant fait aller grand train entre le peuple qui s'y trouvait, ils ont pris des pierres et jeté sur la suite ; on a eu toutes les peines à les réprimer. Voilà un rapport sur les excès de ses gens. Rohan a fait remettre aux arrêts ses domestiques qui ont maltraité le secrétaire Gapp, mais leurs confrères devaient leur faire des visites pour les amuser dans leur prison. De plus, un des arrêtés étant tombé malade, Rohan a demandé de le reprendre chez lui, en le faisant remplacer par deux autres qui devaient rester aux arrêts au lieu du coupable. Tout cela est accompagné de persiflage, d'ironie, d'impertinences intolérables. Tout le monde se moque d'une conduite aussi extravagante ; il importe même à la cour de France de rappeler un ambassadeur qui la déshonore, et, pour ne pas compromettre d'Aiguillon, je pense, si vous le trouviez à propos, écrire moi-même à ma fille de chercher quelque bonne occasion de parler au Roi sur le rappel de Rohan. Il m'est indifférent quel serait son successeur, pourvu que ce soit un homme bien intentionné, raisonnable et capable de contenir ses gens à l'exemple de Choiseul, Durfort, etc... En même temps, je voudrais être débarrassée de l'abbé Georgel et de toute la suite de Rohan, et ne pas garder un homme de cette vilaine honteuse ambassade. »

Tandis qu'il commettait tant d'inconséquences et de fautes dans son existence privée, tandis qu'il manifestait en toute occasion son manque de jugement et de dignité, le prince Louis ne se montrait guère plus heureux dans ses fonctions diplomatiques. Sans doute, lorsqu'il apprit le beau fait d'armes des officiers français, il fit un louable effort pour que leur courage ne demeurât pas inutile ; il mit tout en œuvre pour y parvenir, il s'inquiéta, s'indigna de l'inertie manifeste de la cour de Vienne, s'appliqua de son mieux à en pénétrer les motifs. On ne peut plus s'étonner de son impuissance lorsqu'on sait le peu de cas fait à Vienne de sa personne. Bien plus, d'Aiguillon l'abandonnait à son tour, sans prendre même le soin de sauvegarder les apparences, s'attirant cette judicieuse question de Mercy : « Pourquoi ne le rappelez-vous pas, si vous êtes mécontent de lui? » Il apparaît alors avec plus d'évidence que le ministre commit une faute lourde en ayant à Vienne un ambassadeur sans capacité et sans considération : dans son esprit, la question de Pologne devait se résoudre pour le plus grand détriment du royaume, mais ne se rendait-il pas compte qu'il perdait volontairement tous les bénéfices de l'alliance, et l'histoire de cette ambassade ne comporte-t-elle pas sa propre condammation?

Pour une fois, son ignorance et son insouciance rendent service au prince Louis en l'empêchant de comprendre à quel point il se trouvait paralysé, condamné à rester inutile. A ses questions parfois pressantes, Kaunitz daigne répondre que la puissance prussienne est éphémère, qu'il ne peut résulter aucun mal en temporisant; il se montre lui-même d'autant plus crédule qu'il connait la démarche personnelle de Louis XV pour obtenir des éclaircissements et se croit l'intermédiaire obligatoire de la réponse. Il insiste toujours, car les Français, enfermés maintenant dans Cracovie et serrés de près par les Russes, finiront par succomber s'ils ne sont pas immédiatement secourus. Il entend alors Kaunitz traiter ces héroïques défenseurs de « mauvais ramassis », se contenter tout au plus de les plaindre, les engager à s'en remettre à la discrétion des Russes. Devant ces appréciations qui bouleversent toutes ses prétendues connaissances, il découvre enfin la vérité, mais elle lui apparaît tellement brutale qu'il ne peut encore l'accepter. Dans une dépêche du 8 avril, en post-scriptum seulement et comme il s'agissait d'un simple bruit sans consistance, il confie à d'Aiguillon : « S'il faut en croire plusieurs ministres étrangers qui résident ici et avec qui je suis lié, les cours de Vienne, de Pétersbourg et de Berlin se sont concertées et sont convenues de leurs faits pour le démembrement de la Pologne. Telle est l'opinion presque générale dans le corps diplomatique. Je ne peux y ajouter foi. » Cinq jours après, il reconnait qu'il devient difficile de « suspendre son jugement sur un événement si étrange »; mais, comme il lui est pénible d'admettre qu'il s'est trop longtemps abusé et qu'il a véritablement été joué, il invoque cette explication : « On a mieux aimé partager les injustices de ses voisins que de lutter contre eux, sacrifiant ainsi la considération du ministère autrichien à la crainte excessive du roi de Prusse et à l'éloignement bien décidé de l'Impératrice et de M. de Kaunitz pour la guerre. »

Mieux informé et plus résigné, d'Aiguillon lui répond qu'il est désormais impossible de s'occuper avec honneur des affaires de Pologne, qu'il faut faire rentrer tous les officiers français et qu'il n'a pas d'autre instruction à lui transmettre.

Avant de recevoir cette dépêche qui acceptait si allégrement la débâcle, le prince Louis s'était rendu dans la soirée du 15 avril chez Kaunitz qui, sans vouloir entrer dans les détails, avait cependant fini par lui avouer l'entente complète des trois puissances. Le 20, Marie-Thérèse l'avisait qu'elle allait écrire à Louis XV pour l'instruire de « la position des choses », tandis que, de son côté, Kaunitz le prévenait de l'envoi d'un courrier à d'Aiguillon pour lui « donner connaissance de tout ce qu'il était possible de communiquer dans le moment présent ». Rohan développe alors de nouveau l'idée qu'il avait exposée déjà précédemment : il répète à d'Aiguillon que, si des ouvertures ont été faites inopinément à l'Autriche, le plan n'a pas dû être formé par elle, cela pour atténuer son échec personnel. Kaunitz lui dit, une fois de plus, qu'il ne sait rien, se borne à lui signaler la douleur de Marie-Thérèse en ajoutant cette phrase dont il scande chaque mot : « Quelquefois une nuance pareille peut être utile à l'ensemble des choses. »

Le 5 mai, d'Aiguillon adresse une longue dépêche à son agent pour lui résumer l'entretien avec Mercy, chargé de remettre les lettres de Marie-Thérèse et de Kaunitz. Sa tactique consiste à chercher la justification des procédés de la cour de Vienne, à s'abuser lui-même pour cacher sa propre impéritie : il feint de reconnaître que, ne pouvant soutenir une guerre contre les forces coalisées de la Prusse et de la Russie, ni assister avec indifférence à leurs agrandissements, il ne restait plus à l'Autriche qu'une troisième solution, utilisée sans doute faute de mieux et très à regret, c'est-à-dire la ressource de se concerter avec ces deux puissances pour s'assurer également une part et maintenir ainsi l'équilibre. Il ajoute même : « Je témoignai que, la cour de Vienne gémissant elle-même sur la triste nécessité où elle se voyait réduite de donner les mains à un semblable arrangement, le Roi ne pourrait sans doute que gémir avec elle. »

Quel triste langage dans la bouche du successeur de Choiseul! La cour de Vienne dut être satisfaite, éprouver même intérieurement un peu de pitié; elle s'attendait pour le moins à quelques reproches, elle recevait une approbation complète déguisée sous des condoléances. D'Aiguillon ne parut même pas froissé d'être traité avec désinvolture, d'avoir si tardivement connaissance d'une convention qui modifiait profondément et d'une façon si arbitraire la carte d'Europe, qui supprimait une puissance auprès de laquelle la France s'était érigée en protectrice, qui comportait enfin un grave manquement aux clauses du traité de 1756. Dans ces conditions, le prince Louis pouvait-il se montrer plus susceptible que son ministre, s'étonner d'avoir été dédaigneusement tenu à l'écart, se plaindre de la double offense faite à sa personne et à ses prérogatives ?

Pendant ce temps, la capitulation prévue de Cracovie devenait un fait accompli. Après avoir pendant plus de deux mois subi des assauts acharnés, après avoir tenté de nombreuses sorties très meurtrières pour les Russes, la petite garnison, décimée, manquant de tout, était contrainte de se rendre le 26 avril, et les officiers français, traités comme prisonniers de guerre, internés à Smolensk en attendant leur transfert en Sibérie. Le prince Louis fit tous ses efforts pour adoucir leur situation et obtenir leur liberté. Grâce à son insistance, Marie-Thérèse intervint auprès de Catherine II qui les relâcha vers la fin de l'année. En s'arrêtant à Vienne avant de rentrer en France, ils furent reçus par l'ambassadeur qui leur donna tout ce dont ils avaient besoin et, toujours généreux, mit sa bourse à leur disposition. Ce fut son seul succès diplomatique, et puis l'Autriche devait bien cette tardive intervention en faveur de ceux qu'elle avait véritablement trahis.

Malgré la réserve qui lui est prescrite, le prince Louis cherche à connaître les détails de la convention de partage, mais, comme il se heurte toujours au même mutisme, il se lasse et interprète ainsi son découragement : « J'ai cru qu'il était de la dignité du Roi de ne plus provoquer la confiance du ministère autrichien ; le dénouement de ses secrets ne paraît pas assez honorable pour que nous puissions être jaloux d'en partager le système. » Sur ces entrefaites, il tombe malade dans les derniers jours de mai ; cette indisposition, dont il exagère la gravité, lui sert de prétexte pour se rendre aux eaux de Baden, du 19 juin au 2 juillet, laissant le soin des affaires courantes à l'abbé Georgel, et ce fut alors qu'il donna la grande fête champêtre, témoignage certain de sa complète guérison.

De retour à Vienne, il fait de nouvelles tentatives pour être tenu au courant ; ses dépêches, qui développent toujours les mêmes idées, deviennent du verbiage et prouvent un insuccès persistant qu'il finit par avouer. Il écrit, le 9 août : « Mon rôle doit toujours être digne et j'ai à travailler avec une cour qui semble s'être fait la loi de nous dérober la connaissance de ses projets, qui voile avec soin ses liaisons nouvelles, qui s'imagine que beaucoup de morgue et de hauteur est le moyen d'en imposer et de se faire respecter, qui, sentant qu'elle a manqué d'égards pour un allié qui pourrait se faire craindre, espère apaiser ses justes murmures en lui faisant de tardives et d'inutiles confidences ; et telle est sa conduite présente qu'on dirait qu'elle croit s'acquitter assez envers nous en continuant à nous regarder comme un allié. »

En effet, Kaunitz ne jugea pas à propos d'annoncer que le premier traité relatif au partage de la Pologne avait été signé à Saint-Pétersbourg, le 25 juillet. Par ce traité, l'Autriche s'accroissait de deux millions six cent mille habitants ; elle revendiquait simplement d'anciens territoires, ne se permettait aucune annexion pure et simple, mais, en vertu de cet ingénieux euphémisme, elle étendait sa domination sur le Zips, sur presque toute la Russie rouge avec Lemberg, sur une partie de la Podolie et de la Volhynie avec aussi la partie méridionale de la petite Pologne sur la rive droite de la Vistule supérieure. De son côté, la Russie s'appropriait tout le pays situé entre la Dwina, le Dnieper et le Drusch, tandis que la Prusse acquérait l'évêché de Warmie, les palatinats de Pomérellie, Culm, Marienbourg, les districts septentrionaux de la grande Pologne et de la Cujavie avec Bromberg. Marie-Thérèse était à la fois honteuse et ravie. Cette lettre, qu'elle adressa le 23 août au vieux maréchal de Laczy, dépeint à merveille son état d'esprit : « Le courrier de

Pétersbourg a rapporté signé le malheureux partage. Je vous dois encore à vous ce grand avantage, si c'en est un. Mais, ce qui est certain, c'est que vous avez fait le plan et avez su demander tant et par là procurer à l'État ce bien, sans avoir trempé dans la question si cela était juste ou non. »

On était alors en plein été ; selon l'usage, la cour se dispersait et les affaires se trouvaient interrompues : excellent prétexte pour retarder davantage les explications détaillées dues à Versailles.

Tout le mois de septembre fut occupé par de lointains déplacements. Le prince Louis s'arrêta d'abord, du 5 au 8, à Austerlitz, chez le prince de Kaunitz « qui ne cherche qu'à amuser ses hôtes et présider aux embellissements de sa terre », c'est-à-dire qu'à éviter soigneusement tout entretien politique ; puis il se rendit en Bohème, à Schmirschitz, chez le prince de Paar, où il séjourna du 9 au 19 ; ce fut là qu'eurent lieu de grandes chasses pendant lesquelles plus de cinq mille pièces de gibier furent abattues, avec un seul jour de repos « parce que plusieurs personnes étaient blessées à la joue et à l'épaule à force de tirer ». De là, il se rendit à Zleb, chez le prince d'Auersperg, où il chassa pendant quatre jours : trois mille cinq cent soixante pièces furent tuées en une seule battue. Puis, il alla chasser encore sur une autre terre du prince de Paar, à Steckowitz, d'où il partit le 27 pour aller visiter Prague et y assister à un grand diner donné en son honneur par l'archevêque Brichofsky. Enfin, il reprit la route de Vienne.

Les grandes chasses terminées et les premiers froids ne justifiant plus les villégiatures, il fallut bien reprendre la suite des affaires. Eût-il été plus habile et plus zélé, le prince Louis ne pouvait que faire semblant de travailler. Après lui avoir témoigné de l'intérêt, puis de l'indifférence, d'Aiguillon lui manifestait nettement de l'hostilité, et, si la cour de Vienne ne jugeait pas utile de lui prêter la moindre attention, c'était autant la faute de son ministre que la conséquence de ses légèretés personnelles. En réalité, on ne songeait qu'à le rendre responsable de fautes diplomatiques qu'il n'avait pas commises, puisqu'il avait été tenu en dehors de toutes les combinaisons, de toutes les discussions, avec l'assentiment de sa cour. Lui-même ne possédait pas assez de caractère pour faire face aux événements et remettre les choses au point. Les affaires de Pologne primaient toutes les autres, seules elles devaient constituer la matière de la correspondance. Réduit au rôle de simple spectateur, le prince Louis reprit donc la signature à l'abbé Georgel, pour continuer lui-même, assez consciencieusement mais sans conviction, le récit des tableaux qui se déroulaient sous ses yeux et qu'il ne pouvait toujours comprendre, les épisodes principaux se passant sur une scène où il n'avait pas accès.

Dans ces conditions, les maladresses deviennent faciles à commettre ; il les entasse. Il prévient Kaunitz, par avance, des éclaircissements qu'il compte lui demander, afin, dit-il, « qu'ayant le temps de penser à la matière de notre entretien, ses réponses soient plus intéressantes et plus décisives, lui ôtant par là la réserve qu'inspire souvent l'embarras du premier moment. ». Inutile d'ajouter qu'avec de semblables précautions et un aussi habile partenaire le résultat est absolument contraire à ses espérances. Le 10 décembre, il obtient une entrevue de Joseph II ; il s'enhardit en entendant l'Empereur lui dire qu'il faut se méfier du « caractère dangereux » de Frédéric ; il en profite pour insinuer que les puissances auront peine à laisser détruire la Pologne ; il s'entend répondre que les puissances ont leurs occupations particulières ; alors il ne sait plus reculer, il balbutie... et fait observer à son auguste interlocuteur qu'on a déjà ouvert la porte deux fois et que la cour, rassemblée dans l'appartement voisin, attend depuis une heure ! Il fait preuve de beaucoup de sincérité, mais d'une égale naïveté et d'une certaine inconscience, en rapportant lui-même la conclusion piteuse de l'entrevue, en ajoutant aussi que Joseph II le quitta avec regret.

Enfin, ce fut à cette époque qu'éclata le nouveau scandale des fraudes de l'ambassade. L'année 1772 ne se terminait pas heureusement pour le prince Louis.

L'année 1773 ne débuta pas sous des auspices plus favorables. D'Aiguillon lui écrit, le 15 janvier, pour lui apprendre que le chiffre a été découvert et que cette infidélité doit être malheureusement cherchée parmi ses gens. L'ambassadeur riposte que, pour lui annoncer ce contre-temps, il eût été préférable de ne pas se servir du chiffre découvert. La modification du langage conventionnel demande un certain délai et gêne la correspondance.

Mais le ministre s'irrite de plus en plus contre son agent. Il se plaint de l'insuffisance de ses renseignements, alors que, l'année précédente, il les jugeait superflus ; il lui fait observer que tous les représentants du Roi accomplissent leur tâche et qu'il espère lui voir bientôt remplir la sienne, que, si des réticences sont admises, « il est indispensable, dans tous les cas, de présenter à Sa Majesté des motifs de crédibilité suffisants pour déterminer son jugement ou du moins pour appuyer ses conjectures ».

Naturellement hautain, irritable, et, dans la circonstance, assez justement froissé, le prince Louis n'accepte pas la leçon : « Un avis répété plusieurs fois tient du reproche, répond-il, un reproche suppose une faute ; si elle existe il faut se corriger, si elle n'existe pas il faut se justifier. C'est pourquoi je vous demande, monsieur, de mettre cette réponse sous les yeux du Roi. » Et il cherche à établir que ses « conjectures » — il insiste et revient sur le mot — se sont réalisées ; puis, sa démonstration terminée, hardiment il conclut : « Quand une série de *conjectures*, appuyées sur des faits, sont devenues des faits elles-mêmes, on est autorisé à croire qu'on a bien fait de la présenter. Ainsi, monsieur, je continuerai cette marche à moins que le Roi ne l'interdise. » Il devait avoir une singulière confiance en lui-même et en ses appuis de famille pour ne pas craindre un rappel immédiat, alors qu'il tenait tant au poste de Vienne, et pour se permettre une réponse aussi cassante et aussi dédaigneuse. En effet, il ne fut pas rappelé, mais d'Aiguillon lui écrivit, le 6 mars, que, sa dépêche du 19 février ayant été lue au Roi, Sa Majesté chargeait le maréchal de Soubise de lui « faire connaître

le jugement qu'Elle en a porté ». Il répondit dans la même forme
à son ministre, par un simple billet, qu'il attendait cette lettre
pour diriger en conséquence sa conduite et ses démarches;
toutefois il ne jugea pas à propos de laisser la réprimande de
l'oncle au neveu dans les papiers de l'ambassade.

S'il dut momentanément courber la tête, il chercha pourtant à
se venger de son ancien protecteur devenu son ennemi. Ce fut
évidemment peu de temps après qu'il écrivit à Louis XV une
lettre particulière, non datée, qui fut certainement transmise à
d'Aiguillon, puisqu'elle se trouve conservée parmi les dépêches
reçues au ministère. Cette lettre mérite d'être reproduite inté-
gralement, parce qu'elle révèle l'état d'esprit de son auteur et
surtout parce qu'elle fournit, abstraction faite des tendances
personnelles, un résumé assez exact des combinaisons, des incidents relatifs au partage de la Pologne. Elle est ainsi conçue:

« Sire, je ne me plains pas de M. d'Aiguillon, mais, quand
même Votre Majesté pourrait soupçonner quelque partialité de
ma part, Elle me jugera, et je franchirai ce risque pour m'acquitter de mon devoir en révélant à Votre Majesté ce que je ne
puis taire plus longtemps. C'est, Sire, l'opinion désavantageuse
que l'Impératrice, l'Empereur et le prince de Kaunitz ont de
M. d'Aiguillon. L'Empereur et le prince de Kaunitz m'ont dit
qu'ils ne pouvaient avoir de confiance en lui, puisque c'était par
son indiscrétion, en instruisant l'envoyé du roi de Prusse près
de Votre Majesté et de la position critique de leur cour et du
peu de secours que la France lui porterait, que la maison
d'Autriche s'est trouvée dans la nécessité de changer de ton,
d'être dans une sorte de dépendance du roi de Prusse, surtout
depuis qu'il est si étroitement lié avec la Russie, liaison qui ne
se serait pas formée si la maison d'Autriche avait été à portée de
secourir la czarine. C'est d'après et par cette indiscrétion que la
cour de Viënne s'est vue dans l'impossibilité de prévenir et de
détourner les malheurs qui ont accablé le Nord. Le roi de Prusse
a révélé lui-même à la maison d'Autriche tout ce que M. d'Aiguillon avait dit, ensuite il a fait voir à cette cour que sa situa-

tion et les secours qu'elle pouvait recevoir étaient connus et ne pouvaient la rendre redoutable ; que la Russie, instruite par lui, ne comptait plus sur cette alliance, et a ajouté que, les choses étant ainsi, la cour de Vienne eût à se décider promptement. Telle est, Sire, l'origine, telle est la cause du secret qu'on a gardé si longtemps à Votre Majesté, et telle est la source de tous les malheurs qui ont ravagé la Pologne.

« Je ne puis douter de la vérité de ce que je révèle à Votre Majesté, puisque c'est l'Empereur lui-même et le prince de Kaunitz qui me l'ont dit, mais il m'était impossible de le deviner. Je proteste à Votre Majesté que j'ai fait tout ce qui était en moi pour détruire cette prévention défavorable, et, voyant que je ne puis y parvenir, je vous en instruis, Sire. J'aurais à me reprocher si, en gardant un tel secret, mon silence était la cause de nouveaux malheurs, car je regarde comme un très grand qu'on ait manqué une occasion aussi flatteuse et qui rendait le Roi arbitre de l'univers sans le moindre risque de guerre. L'Empereur m'a assuré que la seule chose que la cour de Vienne demandait à la France n'était pas un secours réel, mais la démonstration de lui en accorder, avec promesse secrète de ne point l'exiger si cette démonstration ne suffisait pas. Le prince de Kaunitz m'a parlé sur le même ton et dans les mêmes termes, mais la Russie alors n'était pas encore livrée au joug du roi de Prusse et cherchait, avant d'oser s'y soustraire, de l'appui dans la maison d'Autriche qui, de son côté, augmentait ses troupes et levait une armée considérable pour en imposer. La France devenait donc la protectrice de l'Europe. Cette ligue du Nord ne se formait pas, et la révolution de Suède se faisait sans risque.

« Je rends ce compte succinct à Votre Majesté ; il demanderait plus de détails, mais, en m'acquittant de mon devoir, je ne dois pas m'exposer à l'ennuyer en devenant trop long. »

Un semblable mémoire, malgré de judicieuses réflexions qui n'allaient pas aussi sans d'évidentes erreurs, était maladroit à tous égards ; de plus, il ne pouvait avoir aucune influence sur Louis XV et devait accroître l'animosité de d'Aiguillon.

Toutefois, après avoir été violemment tendus, les rapports semblent devenir meilleurs entre le ministre et l'ambassadeur. Chacun garde ses sentiments, tait ses rancunes et observe désormais l'un à l'égard de l'autre une correction banale. En réalité, le prince Louis triomphe ou croit triompher, puisqu'il est toujours en place. Il ne se doute pas encore que son rappel est décidé en principe depuis plusieurs mois, qu'il est à la merci d'une combinaison de cour lui suscitant un successeur, que son maintien est uniquement le résultat d'un hasard dont il profite.

Enfin d'Aiguillon lui-même ne se trouve guère en meilleure posture. Son ministère déplorable, guidé par des ambitions personnelles et de mesquines jalousies, n'enregistre que des échecs. Sa succession est, pour ainsi dire, ouverte et on discute partout sa retraite prochaine, inévitable. Il se soutient péniblement, grâce à madame du Barry; il se trouve à Versailles dans une situation comparable à celle de Rohan à Vienne. On sait quelles furent pour la France les suites immédiates et les conséquences plus lointaines de cette véritable anarchie.

Entre Versailles et Vienne, la correspondance continue, parfaitement insignifiante. Il n'est question que de la Pologne, toujours pour échanger des banalités ; c'est à peine si quelques allusions sont faites à la révolution de Suède, aux hostilités entre les Turcs et les Russes, bien que la France ait adressé presque ostensiblement ses encouragements à Constantinople. Dans une lettre confidentielle du 1er mai, le prince Louis écrit à d'Aiguillon pour lui rapporter un bruit répandu dans Vienne, « et qui est même accrédité par plusieurs ministres étrangers. On dit que la France préparait à Toulon une escadre d'évolutions, que l'Angleterre l'ayant trouvée trop nombreuse a exigé qu'elle fût réduite à moitié et qu'aujourd'hui même la cour de Londres s'opposait à l'envoi des frégates qui devaient se rendre dans l'archipel pour y protéger notre commerce. Les personnes occupées à diminuer notre considération ajoutent assez hautement que notre marine militaire sera désormais subordonnée au bon plaisir des Anglais et que nous aurons besoin d'avoir leur

agrément pour avoir des escadres en mer. » Bien vite, le
ministre répond que l'ordre d'armer une escadre avait été donné
lorsqu'on craignait une agression de la Russie contre la Suède,
mais que l'annonce de dispositions pacifiques rendait cet ordre
inutile : ce qui revenait à avouer les faits en donnant une
variante dans les explications, ce qui inspirait, d'autre part, les
réflexions suivantes de Mercy écrivant à Kaunitz : « Dans les
conjectures actuelles et si critiques, M. d'Aiguillon me paraît
très embarrasssé de sa place, mais surtout fort humilié de l'obs-
tacle que met l'Angleterre à l'armement de l'escadre de Toulon.
Les contrariétés que le ministre français éprouve de toute part
et les griefs qu'il a contre les cours de Londres, de Pétersbourg
et de Berlin le rendront sûrement plus attentif et plus conciliant
avec la nôtre, et j'ai lieu de m'en apercevoir depuis quelque
temps. »

Une phrase de Marie-Thérèse, disant au prince Louis que « si
on avait bien voulu, la ligue avec Berlin et Saint-Pétersbourg
n'aurait pas eu lieu », provoque un certain émoi à Versailles.
D'Aiguillon devait comprendre la justesse de cette pensée, mais,
s'il la reconnaissait ouvertement, il condamnait sa propre politique. Il répond donc qu'il n'a jamais eu connaissance d'une
semblable démarche, que des recherches minutieuses faites dans
les bureaux n'en ont découvert aucune trace, comme si de telles
dispositions ne découlaient pas naturellement du traité d'alliance, et il engage Rohan à profiter d'une occasion pour, dans
les meilleurs termes, « fixer la façon de penser et les notions de
cette princesse d'une manière conforme à la vérité des faits ».
Tardive et inutile comédie !

L'été de 1773 s'écoule sans aucun incident. L'Empereur a
quitté Vienne le 6 mai pour faire un voyage de trois mois en
Hongrie et en Styrie. Le prince Louis, qui a obtenu une gratification de vingt-cinq mille livres pour lui-même et une de deux
mille livres pour l'abbé Georgel, songe à ses villégiatures. Il
s'absente de Vienne, du 25 juillet au 15 août, pour aller prendre
les eaux de Teplitz, où, naturellement, il organise des fêtes.

Dans le courant de septembre, il recommence les battues de petit gibier et dirige plusieurs chasses au cerf; au commencement d'octobre il va passer quelques jours à Austerlitz.

Dans une des premières dépêches qu'il rédige à son retour, il paraît s'étonner de l'attitude de Joseph II, « qui exalte d'une façon exagérée les mérites et les talents du roi de Prusse », mais il se plaît à reconnaître qu'il y a moins encore d'entente entre la mère et le fils. Pour appuyer son jugement, il relate les confidences d'une personne qui a trouvé Marie-Thérèse en larmes : « C'est de cette façon que je passe et mes jours et mes nuits, aurait avoué l'Impératrice. Les inquiétudes journalières que me cause le caractère de l'Empereur donnent des atteintes mortelles à ma santé. C'est en vain que j'ai tout employé pour empêcher ce voyage en Pologne; je ne suis plus écoutée, on voit mieux que moi ce qui devient nécessaire pour le bonheur de mes sujets et la gloire de la monarchie. J'aurais pu m'y opposer, mais c'eût été un éclat, et une pareille scission ne pourrait qu'entraîner des suites fâcheuses. Plût à Dieu que mon fils ne vît jamais la Pologne et que même il ne l'eût jamais vue sur les cartes ! » Cette citation justifiait une fois de plus l'appréciation cavalière de Rohan et la phrase mordante de Frédéric II disant que Marie-Thérèse « pleurait, mais prenait toujours ».

Plusieurs mois s'écoulent. L'Autriche laisse deviner les craintes que lui inspire la puissance toujours croissante de la Prusse ; elle tend instinctivement à resserrer avec la France des liens qui ont failli se rompre par sa faute, et l'Impératrice continue à manifester, à exagérer en les dramatisant ses regrets sur le morcellement de la Pologne. De son côté, tout en osant insinuer qu'il peut prétendre à la succession du duc d'Aiguillon, le prince Louis voit sa situation compromise chaque jour davantage. Il fait tous ses efforts pour résister au courant qui l'entraîne et cherche un point d'appui solide. Alors, lui, l'ennemi par principe de l'alliance autrichienne, il songe à tirer parti des circonstances, à consolider précisément cette alliance qu'il réprouvait par tradition de famille et sans trop savoir pourquoi. Il sent qu'un trait d'union nouveau serait utile entre les cours de Versailles et de Vienne, et il prétend à ce rôle auquel, moins qu'à tout autre, il était préparé.

Dans une longue dépêche du 10 janvier 1774, il détaille ses entretiens avec Marie-Thérèse et Joseph II, les discours qu'il leur a tenus. Devinant l'Impératrice inquiète, ou feignant de l'être, au sujet de l'alliance, il lui fait cette déclaration : « Je suis sûr que, si le Roi avait le moindre soupçon fondé que Votre Majesté voulût rompre les liens qui l'unissent à lui, ce serait à vous-même qu'il s'adresserait; il vous peindrait sa peine et son regret, il rappellerait combien cette alliance a souffert de difficultés, la sensation qu'elle a faite dans l'Europe, l'intrigue des cours pour l'empêcher... » puis, montrant que la position géographique et la situation politique de la France ne lui faisaient désirer aucun agrandissement, il ajoute : « Et comment, dans une position pareille, pourrait-on avoir quelque doute sur l'attachement du Roi pour une alliance très utile sans pourtant être nécessaire? Comment pourrait-on soupçonner qu'un Roi qui n'a jamais trompé, qui n'a jamais désiré la guerre, qui a fait des sacrifices pour la paix, qui, dans la dernière guerre, a donné tant de secours, qui a désiré resserrer encore par un mariage l'union des deux maisons, pensât à rompre tant de chaînes? Je le répéterai encore : il faudrait que la maison d'Autriche l'y forçât, et je suis sûr que, dans cette circonstance, la sensibilité du cœur du Roi en porterait ses plaintes à celui de Votre Majesté. »

Auprès de l'Empereur, il manifeste les mêmes sentiments, sinon avec conviction, du moins avec la même emphase et la même obséquiosité; il finit par renverser les rôles, comme si tous les torts venaient de la France, comme si Louis XV sollicitait humblement le maintien de l'union, et il se montre ravi de la réponse, cependant dépourvue d'enthousiasme, assez laconique de Joseph II lui confirmant que l'alliance lui paraissait « géométriquement bonne et géographiquement déterminée par des limites naturelles ».

Le nouveau champion de l'alliance n'obtint pas un résultat conforme à ses désirs : ses déclarations, qui dénotaient beaucoup de platitude avec une persistante ignorance de la diplomatie, ne produisirent aucun effet sur la cour de Vienne ; par contre, elles furent sévèrement jugées à Versailles où l'on voulait bien d'un ambassadeur ignorant et inutile, mais non d'un ambassadeur entreprenant et compromettant.

Son rappel était depuis longtemps discuté : Marie-Thérèse ne cessait de le réclamer ; la Dauphine le sollicitait discrètement ; Mercy profitait de chaque entrevue pour en démontrer l'urgence. Sans doute d'Aiguillon eût été personnellement heureux de répondre à des sollicitations aussi autorisées, mais il se sentait compromis, craignait de s'aliéner Mme de Marsan et le maréchal de Soubise : il hésitait, cherchait des prétextes. Enfin, le maréchal de Soubise se rendit de lui-même à l'évidence ; il comprit que le maintien de son neveu à Vienne lui ferait le plus grand tort : il accepta donc de servir une fois de plus d'intermédiaire pour persuader au prince Louis qu'un congé paraissait actuellement utile, cette proposition n'étant qu'un ordre déguisé.

Comme s'il en avait régulièrement reçu une demande, d'Aiguillon écrivit le 24 mars au prince Louis : « J'ai rendu compte au Roi du désir que vous avez de faire un voyage en France. Sa Majesté a bien voulu vous en accorder la permission. Je ne perds pas un moment pour avoir l'honneur de vous l'annoncer. Vous serez le maître d'en profiter quand vous le jugerez à propos. Le Roi se repose entièrement sur votre zèle du soin de prendre les mesures nécessaires pour que ses affaires ne souffrent pas de votre absence et qu'elles n'interrompent point la correspondance. Sa Majesté vous laisse le soin des personnes que vous en chargerez. » Il était impossible de prendre davantage de ménagements, de témoigner plus d'égards. Le prince Louis en profita pour ne pas répondre, ce qui lui valut, le 24 avril, cette dépêche toujours conçue dans les termes les plus discrets et les plus modérés : « Le Roi, en vous laissant le maître de déterminer vous-même le moment d'user du congé que Sa Majesté vous a accordé, était bien persuadé que vous consulteriez le bien de son service, et que votre zèle dirigerait votre résolution d'après la connaissance des circonstances. »

Devant une invitation renouvelée avec tant de déférence, le prince Louis pouvait en prendre à son aise et tarder encore d'y répondre. D'ailleurs, un événement imprévu, le plus important à coup sûr de toute son ambassade, lui permettait de ne pas s'en tenir seulement à des lenteurs calculées et d'ajourner cet obligatoire congé à une date presque indéterminée. Pour une fois sa présence devenait utile à Vienne, ce qui explique aussi les ménagements du ministre.

A diverses reprises, il avait constaté des indiscrétions dans le service des dépêches et découvert de véritables « fuites » l'obligeant à demander de nouveaux chiffres. Ses tendances naturelles le portaient d'autre part à l'emploi de moyens détournés, lui donnaient quelque goût pour l'espionnage. Pendant son séjour à Teplitz, il était parvenu à faire intercepter des lettres de Joseph II au maréchal de Laczy, lettres qu'il n'avait pu toutefois déchiffrer très exactement. Quelques mois après. il s'était procuré les plans d'un nouveau canon destiné au service de la cavalerie légère. La découverte fortuite qu'il fit, dans les derniers jours d'octobre 1773, eut une importance considérable. Il ne jugea pas à propos d'en détailler les origines : en transmettant ponctuellement les résultats à mesure qu'il les obtenait, il négligea toujours d'expliquer par quels moyens précis et dans quelles conditions exactes il se les procurait. Les historiens qui furent amenés à parler de cette découverte, le duc de Broglie dans le *Secret du Roi* et, tout d'abord, M. Boutaric en publiant la *Correspondance secrète de Louis XV*, durent s'en rapporter aux mémoires de l'abbé Georgel. Cet incident capital étant fort connu, il suffit de le rappeler brièvement en le complétant dans la mesure du possible.

L'abbé Georgel reçut un billet anonyme lui fixant un rendez-vous assez mystérieux et lui annonçant d'utiles révélations. Il s'y rendit, après s'être prudemment fait escorter à distance, trouva un homme masqué qui lui donna divers papiers dont la lecture lui parut suffisamment édifiante pour convenir de la remise continue d'autres documents, moyennant une généreuse indemnité dont il n'indique même pas le chiffre approximatif, disant seulement que la première fut de mille ducats. Il ne fournit aucun détail dans ses mémoires sur ses relations avec l'agent secret; il se contente d'exposer l'importance extrême de ces révélations : « Je vis, dit-il, que nous avions le pouvoir de nous procurer deux fois la semaine toutes les découvertes du cabinet secret de Vienne, le mieux servi de l'Europe. » Le prince Louis, qui paraît donc avoir bénéficié là d'un simple hasard, eut ainsi la joie de tenir entre ses mains presque tous les fils de l'écheveau passablement embrouillé que constituait alors la diplomatie européenne. A défaut de plus grands avantages, il eut certainement celui de conserver son poste pendant quelques mois encore.

Les révélations qu'il obtint par l'intermédiaire de l'homme masqué, puis de l'abbé Georgel, étaient de deux sortes : elles contenaient, d'une part, la preuve matérielle que la cour de Vienne connaissait le chiffre, cependant modifié, de la cour de Versailles, avec le chiffre de plusieurs autres cours; d'autre part, la certitude non moins absolue que la fameuse correspondance secrète de Louis XV était interceptée et dévoilée tout aussi bien que les dépêches de son ministère. Par des courriers spéciaux, le prince Louis annonça à d'Aiguillon la découverte qui le concernait directement, et au Roi, par l'intermédiaire de Soubise, la connaissance qu'avait l'Autriche de sa politique personnelle, de sa diplomatie privée.

La copie des pièces qui furent ainsi interceptées, de même que la correspondance de Rohan, relative à cette affaire, ne paraît pas avoir été conservée. Au lieu de deux par semaine, l'inconnu ne fit qu'une dizaine de livraisons, les plus importantes aux dates des 22 mars et 30 avril 1774. Dans ses dépêches ordinaires, et il en manque plusieurs, l'ambassadeur ne fit que rarement et discrètement allusion à son utile découverte. En l'apprenant et en recevant les premiers résultats, d'Aiguillon lui avait transmis, le 15 novembre 1773, « les éloges que Sa Majesté a donnés au zèle, à l'activité et à la dextérité que vous avez employés pour vous ouvrir des canaux secrets », puis il ajoutait : « Les pièces que vous avez envoyées et les notions dont vous rendez compte prouvent bien leur utilité et leur fidélité. Elle [Sa Majesté] m'a chargé de vous en témoigner sa satisfaction, et j'exécute ses ordres avec d'autant plus de plaisir que personne ne prend plus de part que moi à vos succès et n'y applaudit plus sincèrement. Les découvertes auxquelles les mesures que vous avez prises vous ont déjà conduit sont de la plus grande importance et le Roi se repose entièrement sur les soins que vous prendrez pour tirer tout le parti possible de la bonne volonté de vos confidents pour les différents objets importants que vous vous imposez d'éclaircir et de vérifier... Les indiscrétions mêmes que vous nous avez procurées prouvent qu'aucune voie secrète n'a été ouverte jusqu'ici à la cour de Vienne dans notre intérieur... »

La mauvaise chance poursuivait le prince Louis, car il est des services qui se retournent contre leur auteur. Son zèle et son dévouement eurent pour principal résultat d'attrister les derniers jours de Louis XV, de lui procurer la plus grande déception peut-être de tout son règne, de lui démontrer que cette correspondance secrète, organisée avec tant de peines à l'insu de ses ministres pour lui donner une autorité, une initiative dont il ne possédait que les apparences, échouait piteusement comme la plus vulgaire des intrigues, sombrait dans le ridicule. Lorsqu'il mourut, le 10 mai 1774, son ambassadeur à Vienne venait de lui enlever ses dernières illusions, de lui prouver que, même en employant la dissimulation, il avait été incapable durant tout son règne de tirer personnellement un parti quelconque du pouvoir absolu qu'il personnifiait.

Cette fin presque soudaine occupa pendant plusieurs semaines toutes les chancelleries. Les notifications officielles, les visites, la prise du deuil absorbèrent le prince Louis ; mais, lorsqu'il remit, le 24 mai, les nouvelles lettres de créance qu'il venait de recevoir de Louis XVI, il savait qu'elles ne l'accréditaient pas pour une longue durée. Il connaissait l'hostilité du nouveau roi, de Marie-Antoinette surtout à son égard; il comprenait que son rôle fortuit dans la correspondance secrète ne constituait plus un argument pour le maintenir à son poste. Il se garda de parler de son congé toujours retardé, et attendit les événements.

Le duc d'Aiguillon s'était brusquement effondré des hauteurs de son pouvoir, en même temps que s'écroulait la domination de Mme du Barry. Avant que le comte de Vergennes prît possession du secrétariat des Affaires étrangères, l'intérim fut confié à Bertin, qui écrit le 9 juin à Rohan pour lui confirmer au nom de Louis XVI la permission que le jeune roi lui avait donnée « de faire un voyage en France ».

Alors le prince Louis tente un dernier effort. Pour laisser deviner que sa présence est utile à Vienne, il risque une allusion à la correspondance secrète et demande d'être mis au courant des intentions de son nouveau maître : « M. le duc d'Aiguillon n'avait sans doute différé à m'en instruire, dit sa dépêche du 18 juin, que parce que je devais me rendre incessamment à la cour et y donner au Roi des détails très intéressants sur la position actuelle des choses que je me suis trouvé à portée d'observer et de connaitre. » Il veut ainsi donner le change, expliquer son congé par l'impossibilité de confier à aucun chiffre ni à aucun courrier les détails si importants dont il se trouve le discret dépositaire. Louis XVI méprisant la correspondance secrète et ne voulant même pas en entendre parler, il n'obtient pas de réponse; il lui faut s'incliner. Le 22 juin, il annonce son prochain départ; le 25, il écrit qu'il va tout disposer pour profiter le plus promptement possible de sa « permission » et qu'il laissera l'abbé Georgel, auquel il vient d'obtenir une nouvelle gratification de deux mille livres, chargé de le remplacer, le jugeant très capable, fort au courant des affaires et considéré de Kaunitz qui lui « témoigne une amitié personnelle ». Enfin, dans une dernière dépêche du 29, il annonce qu'il prendra congé le lende-

main de Leurs Majestés Impériales, Joseph II partant le 1er juillet pour aller assister à des exercices d'artillerie dans un camp
de Bohême, et il s'éloigne de Vienne en petit équipage, sans
avoir fait de visites, comme s'il s'agissait d'une courte absence.

Il se produisit alors à la cour d'Autriche un revirement assez
inattendu en sa faveur. Marie-Thérèse qui, si souvent, dans
ses lettres à Mercy, demandait son rappel, qui l'avait chargé
d'intervenir successivement auprès du maréchal de Soubise, de
Mme de Marsan, du duc d'Aiguillon et de Louis XV, qui rappor-
tait elle-même les scandales incessants de l'ambassade française,
Marie-Thérèse s'inquiéta dès qu'elle connut la réalisation de son
constant désir. Elle avait déjà laissé deviner ses craintes en
écrivant à Mercy le 1er décembre 1773 : « Comme ses parents en
France sont nombreux et puissants, il y en a qui craignent qu'ils
ne se vengent sur ma fille des torts qu'ils prétendent lui avoir
été faits par mes démarches. Ils le craignent d'autant plus parce
qu'ils supposent que ma fille ne garde pas toutes les réserves
sur les lettres que je lui écris et qui concernent encore la personne des Rohan. » Marie-Thérèse ne se doutait pas de quel prix
la discrète et douce messagère, « l'Autrichienne », devait payer
ses innocentes complaisances. Dans la circonstance, cette solli-
citude maternelle, que l'avenir devait bien trop justifier, fut
ainsi la cause de toutes les amabilités, de toutes les prévenances
dont le prince Louis se trouva l'objet au moment de quitter
Vienne : il n'était pas assez perspicace pour démêler la vérité,
et il put, non sans quelque apparence, se tromper sur les auteurs
de sa disgrâce, la rejeter entièrement sur Marie-Antoinette;
d'autre part, son caractère extraordinairement vaniteux ne lui
permit pas de comprendre que ses fautes et son incapacité
justifiaient amplement son rappel.

Les lettres écrites par l'Impératrice en mai 1774 racontent donc
que le prince Louis ne donne aucun sujet de mécontentement,
que « Kaunitz et même l'Empereur ne paraissent pas éloignés
d'entrer dans ses vues », puis, qu'il « s'est beaucoup changé en
bien », plus tard qu'il a « bon cœur » et mériterait des témoi-

gnages de la bonté du Roi. Il fallait que la famille de Rohan fût bien puissante et bien redoutée pour inspirer à Marie-Thérèse autant d'hésitations et de craintes qu'à d'Aiguillon. Pourtant, le 30 juin, elle ne peut dissimuler un mouvement de franchise ni taire sa satisfaction en écrivant à Mercy : « Rohan va tout de bon se disposer à son départ, au regret de l'Empereur et de Kaunitz, le premier ayant été diverti par ses légèretés et l'autre converti par ses politesses rampantes. Grâce à Dieu, il prend congé, j'espère pour toujours, aujourd'hui. »

Le prince Louis dut perdre ses dernières illusions en arrivant à la cour de Versailles que l'avènement de Louis XVI modifiait profondément. Après avoir été reçu une première fois avec quelque bonté par la Reine qui obéissait ainsi aux instances de sa mère, il ne reçut plus auprès d'elle qu'un accueil glacial ; le Roi se détourna de lui ; toute la cour suivit l'exemple du monarque avec d'autant plus d'empressement que le maréchal de Soubise et Mme de Marsan se trouvaient moins en crédit. Comme pour souligner cette défaveur, plusieurs créanciers se présentèrent... Le prince Louis se retira dans sa famille, à la campagne, où il reçut de Vergennes la lettre suivante, datée de Compiègne, le 18 août : « Le Roi, ayant égard, monseigneur, aux raisons qui doivent vous faire désirer de ne plus retourner à Vienne, vos affaires particulières pouvant demander votre présence ici, m'ordonne d'avoir l'honneur de vous informer qu'Il veut bien vous dispenser de la continuation de cette ambassade. Sa Majesté me charge de vous assurer en même temps du gré qu'Elle vous sait du sacrifice que vous étiez disposé à lui faire de vos intérêts personnels, et de vous témoigner toute la satisfaction qu'Elle a du zèle, de l'intelligence et de l'application que vous avez marqués pendant le cours de votre ambassade, avec tant de succès pour son service. »

En même temps qu'il lui envoyait copie de cette lettre, Vergennes écrivait à l'abbé Georgel : « M. le prince Louis de Rohan ayant désiré pour des considérations personnelles de ne plus retourner à Vienne, le Roi a bien voulu agréer qu'il se

démît des fonctions de cette ambassade, et Sa Majesté a nommé
pour le remplacer M. le baron de Breteuil. »

Si la mission du prince Louis de Rohan fut à tous égards
regrettable et malheureuse, elle eut de l'importance cependant
par la connaissance plus précise et plus exacte qu'elle donne du
ministère de d'Aiguillon, par les événements auxquels elle se
trouva mêlée, par les incidents qu'elle provoqua, par les malheurs dont elle devint la cause indirecte et lointaine.

Elle démontre, une fois de plus, l'incapacité coupable du duc
d'Aiguillon qui choisissait un agent pour le poste le plus important avec le seul but de se ménager des appuis à la cour, le maintenait ensuite malgré les plaintes les plus justifiées, n'obéissant
toujours qu'à des vues étroites d'ambition personnelle, sans se
soucier d'une alliance récente, toute de raison, nécessitant la
présence d'un ambassadeur expérimenté et prudent, capable de
la maintenir, de la fortifier et d'en tirer judicieusement parti. Ce
ministre connaissait d'avance les inévitables résultats de sa mes-
quine politique : il se résignait à l'abandon des traditions fières
et généreuses du pays en sachant que cet abandon serait aussi
funeste à la puissance de la France qu'à son crédit moral ; il s'in-
géniait ensuite à faire retomber la responsabilité de ses reten-
tissants échecs diplomatiques sur l'ancien protégé qu'il eût mieux
fait, dans leur double intérêt, de laisser à l'évêché de Strasbourg.

D'autre part, le prince Louis, qui possédait fort peu des qualités de la noblesse de l'ancien régime, mais qui en personnifiait
tous les travers en les exagérant, fut la cause inconsciente qui
précipita la chute de cette royauté dont il se croyait l'un des plus
fermes soutiens. Jusqu'à nos jours, l'histoire s'est montrée particulièrement sévère à son égard : pour mieux comprendre son
rôle, pour l'excuser ou le blâmer selon les circonstances, il
faut donc bien saisir son caractère, pénétrer ses intentions,
l'étudier enfin dans toute son existence et notamment pendant
la période où il occupa de hautes fonctions politiques, c'est-à-
dire pendant son ambassade à Vienne. Les inconséquences du

« prince Louis » laissent prévoir et expliquent les fautes du
« cardinal Collier ».

Dans un récent et remarquable ouvrage sur *l'Affaire du Collier*
où il a repris tous les éléments de ce triste procès, les suivant
pièces en mains et très minutieusement, les complétant de documents jadis inutilisés par le Parlement lui-même et restés igno-
rés des historiens qui commentèrent presque tous un arrêt équi-
table en le blâmant, M. Frantz Funck-Brentano aboutit à des
conclusions précises et définitives. Il déclare le prince Louis
coupable d'un manque de jugement absolu, d'une légèreté et
d'une naïveté incroyables; il ne le rend pas responsable d'un
crime sciemment prémédité, froidement exécuté, dont il ne fut
que le complice inconscient, cette démonstration n'étant pas
appuyée sur des présomptions morales seules, mais encore sur
des preuves matérielles. M. Frantz Funck-Brentano le réhabilite
donc du crime qui flétrissait sa mémoire en démontrant que sa
conduite personnelle ne correspondait pas à des apparences évidemment très frivoles, qu'à aucun moment on ne put lui trouver
de maîtresse attitrée, qu'il se montra toujours aussi généreux
que prodigue, c'est-à-dire parfaitement désintéressé, qu'il n'avait
pas besoin d'un vol pour rétablir ses affaires, et qu'enfin ses
rapports platoniques avec Mme de la Motte devaient uniquement
l'aider à recouvrer la faveur royale, son manque de discerne-
ment ne lui permettant pas d'apprécier l'indignité ou l'invrai-
semblance des moyens.

Lorsqu'on voit le prince Louis de Rohan à Vienne, aussi
dépourvu de bon sens malgré son esprit naturel, et de tenue
malgré son éducation raffinée, toujours disposé aux petits moyens,
aux entreprises aventureuses, s'enthousiasmant pour des expériences où il entrait plus d'imagination que de science, on com-
prend mieux qu'il ait été ébloui par un Cagliostro, capté par une
Mme de La Motte. Lorsqu'on le voit employer les procédés les
plus mesquins pour s'attirer des sympathies ou bien effacer des rancunes, adulant Kaunitz, plaisantant avec Joseph II, tartuffiant auprès de Marie-Thérèse, se donnant de l'importance auprès de d'Ai-

guillon et de Louis XV lui-même, on s'explique plus aisément qu'il se soit associé à une combinaison artificiellement échafaudée sur un caprice féminin passager, pour obtenir son retour en grâce auprès de la reine justement blessée de ses nombreuses et presque inconscientes médisances, qu'il se soit imaginé qu'une audience de la souveraine pouvait se passer mystérieusement, comme un rendez-vous avec un « indicateur » d'ambassade. Il faut ajouter encore que sa haute situation même à la cour, qui faisait trembler des ministres, hésiter des monarques, qui lui valait malgré tout le chapeau de cardinal, la grande aumônerie et d'autres honneurs encore au lieu de disgrâces justifiées, ne lui permettant pas de se rendre compte de ses faiblesses ou de ses erreurs, devait accroître sa vanité et sa suffisance.

Le cardinal de Rohan resta donc ce qu'était le prince Louis, constamment sa propre dupe. Après avoir servi de jouet à d'habiles diplomates, il devint l'instrument d'une audacieuse aventurière. Il contribua largement à la perte de celle dont il mendiait un sourire, car ses erreurs, comme les fautes de tant d'autres, devaient être payées par la reine de France, Marie-Antoinette.

DU MÊME AUTEUR

Découvertes archéologiques dans le Morbihan en 1884 et 1885.

Nouvelles découvertes archéologiques dans le Morbihan en 188..

A PARAITRE PROCHAINEMENT

La **Coarde** et la **Vénus de Quinipily** ; seconde partie, la **Statue.**

Signification des noms bretons des monuments mégalithiques et des tertres funéraires.

La Vieille A* ., ou Bretons et Romains.

Récentes découvertes archéologiques dans le pays vannetais.

Vestiges roma ns à Belle-Ile-en-Mer.

Lokmariaker, capitale des Vénètes après la conquête romaine.

Système de recherches archéologiques.

Vannes. — Imprimerie LAFOLYE, 2, place des Lices.